快乐读书吧 推荐阅读

"歪脑袋"木头桩

严文井／著

广东旅游出版社
GUANGDONG TRAVEL & TOURISM PRESS
悦读书·悦旅行·悦享人生

中国·广州

图书在版编目(CIP)数据

"歪脑袋"木头桩 / 严文井著. —广州:广东旅游出版社,2020.6
ISBN 978-7-5570-2119-1

Ⅰ.①歪… Ⅱ.①严… Ⅲ.①童话—作品集—中国—当代 Ⅳ.①I287.7

中国版本图书馆CIP数据核字(2020)第028382号

"歪脑袋"木头桩
WAINAODAI MUTOUZHUANG

出 版 人	刘志松
策划编辑	蔡 璇
责任编辑	贾小娇
封面设计	宋双成
责任校对	李瑞苑
责任技编	冼志良
出 版	广东旅游出版社出版发行
地 址	广州市越秀区环市东路338号银政大厦西楼12楼
合作电话	020-87347732
邮政编码	510060
印 刷	唐山富达印务有限公司
地 址	唐山市芦台经济开发区农业总公司三社区
开 本	710mm×1000mm 1/16
印 张	6
字 数	70千字
版 次	2020年6月第1版
印 次	2020年6月第1次印刷
定 价	20.00元

本书如发现印装质量问题,请直接与印刷厂联系调换。

前言

本系列结合新课标和统编版教材中关于小学生阅读的建议和要求,选取人教版教材"快乐读书吧"栏目中所要求的必读名著篇目进行出版。收录了《小鲤鱼跳龙门》《小狗的小房子》《"歪脑袋"木头桩》《孤独的小螃蟹》《一只想飞的猫》。作者以可爱的动物形象,塑造了充满情趣的童话世界,故事情节生动有趣,充满无限的想象,以生动的形象和有趣的故事陪伴了几代小读者的成长,体现了在追求中成长,赞扬了不断进取、团结协作的时代精神。抒情诗式的语言不仅展示了时代的新风貌,而且表达了对美好生活的赞美和追求。

目　录

"歪脑袋"木头桩 / 1

丁丁的一次奇怪旅行 / 15

气球、瓷瓶和手绢 / 65

皇帝说的话 / 78

"歪脑袋"木头桩

不知道从什么时候起,在这片荒草地里就插着这么一根木头桩了。为什么要在这儿插上一根木头桩呢?我可真说不上来。反正很久以前,在这片绿色的草丛当中,就有这么一个满身都是皱纹的又脏又丑的木头桩站在这里了。我只知道他是一个很骄傲很**骄傲**的木头桩,他有一个尖尖的脑袋,老是歪着。他老是瞧不起周围的小草。他比谁都高,就

觉得自己比谁都高明。

他是一个很老很老的木头桩,谁也不知道他有多大岁数了。也许他待在这儿有两百零一年、三百零一年、四百零一年了,反正一下子我也算不清。年纪大,这也是他骄傲的一个原因。可是他忘记了他曾经是一棵树,而且还当过小树,比小草高不了多少。至于他刚发芽的时候,他甚至比许多小草都还要矮,可是他忘记了这些事实。现在,他成天歪着脑袋,谁也瞧不起。

有一天,有一个小男孩到草地上来玩儿。这是一个淘气的小男孩,老是带着一把小刀,到处乱刻乱画。小男孩发现了木头桩,就用小刀在那个"歪脑袋"上刻了一个脸:一双瞪着人的大眼睛,

"歪脑袋"木头桩

好像在发脾气;一张露着牙齿的大嘴,好像在嚷嚷什么;还有一个大鼻子,鼻头皱着,就像要打喷嚏!总之,是一张鬼脸。小男孩还在那张鬼脸下面刻了一些乱七八糟的道道,当作木头桩的衣服。小男孩很得意,笑了一声:"这是一个雕像,美极了!"(真是这样吗?只有天知道!)然后,不用说,这个淘气的小家伙就跑走了。老木头桩本来觉得小刀划得很痛,可是听小男孩说他是美丽的雕像,他感到很高兴,就忘记痛了。他想,他既然是一个雕像,大家一定就会**尊敬**他,佩服他,而且,还一定会害怕他。

"这真带劲儿!我成了一个雕像,真够有意思的。"他嘀嘀咕咕,用心编了一首歌来赞美自己。

那是一首什么样的歌呀,一点儿也不好听。只要刮风下雨的时候,木头桩就唱什么"嘟嘟嘟嘟""唧唧唧唧"呀,那意思就是说他是一个从来没有的,了不起的雕像。可是木头桩周围的小草谁也不给他鼓掌。

木头桩伸长了脖子,问:"喂喂!你们都没有听见我在歌唱吗?"小草们都不作声。木头桩皱起了鼻头,大声嚷嚷:"喂喂!我这副漂亮的面孔,难道你们也没有看见么?"小草们还是不作声。木头桩突然大叫一声:"哎呀,哎呀!不得了,了不得!这是什么呀?"

原来是两只麻雀飞到他的"歪脑袋"上来了,麻雀们为了找虫子吃,翘着尾

巴在他头上一蹦一跳的走着，蹭得他头皮直痒痒。木头桩不耐烦地对麻雀们嘘了一声："去，去！你们怎么敢站在我脑袋上？知道吗？雕像脑袋是特别庄严的，你们是什么东西。"麻雀们飞了起来，笑着叫："什么呀，你摆什么架子！你不就是那个老木头疙瘩吗？"

"呸！去去！"木头桩气得好半天都

说不出话来。从此以后,好长好长的时间,大家都不理那个骄傲的木头桩。他就一个人老那么站着,偏着脑袋,也不嫌累得慌。

后来,有一天下午,几个小姑娘跑到草地上玩来了。有一个小姑娘发现了木头桩,说:"瞧!那是什么东西?"木头桩一听,又神气起来了,想:她们准是瞧见了我这个雕像。这些小丫头,她们一定没有看见过我这样的雕像,全世界都没有的。我又庄严,又漂亮……

一个小姑娘说:"我们跳皮筋吧,这儿有个木头桩。"木头桩很生气,抗议说:"什么木头木头桩,我是雕像!"小姑娘们谁也没有听见木头桩那叽叽叽叽的声

"歪脑袋"木头桩

音。她们拿出了一根长长的皮筋,一头拴在木头桩上,一头拴在一棵核桃树上。她们跳起皮筋来了,一边跳,一边唱:

小皮球,
香蕉梨,
马莲开花二十一。

她们跳得真好。那些轻巧的腿就像长了翅膀一样,一会儿下,一会儿上,皮筋老想缠住那些腿,可就是缠不住,那些腿都在飞。木头桩看小姑娘们的游戏看得发呆了,可是心里还想:玩够了,下面她们总该唱一唱美丽的雕像吧。

没想到小姑娘接着唱的却是:

二五六,
二五七,
二八二九三十一。

木头桩又生气了:"她们胡唱一些什么呀,真没劲儿!"小姑娘们跳了一个够,唱了一个够,就是没有唱木头桩。然后她们解下皮筋就回家了。真怪,小姑娘们走了以后,木头桩有点闷得慌。他忽然想玩玩儿,甚至还有点儿想学跳皮筋。可是,他的腿在哪儿呢?他一动也不能动,就安慰自己说:"跳皮筋是姑娘们的事,我是了不起的大雕像,才不玩这玩意儿咧。"

后来,有一天,有一群工人到这个地

"歪脑袋"木头桩

方来修一个儿童公园。一会儿工夫,他们就修起了秋千架、滑梯、沙坑、游泳池、小铁道,还有什么飞机、宇宙飞船呀,好多好多东西。

最后,工人们在公园的边上发现了老木头桩。一个大个子工人叔叔说:"这个木桩儿真丑,又碍事,咱们还是把他连根刨掉吧。"木头桩想:"这下我可完蛋了。"大家说:"对!"木头桩想喊:"我是雕像!"可是工人们已经动手了,三下两下就把木头桩从地里挖出来了。

大个子工人叔叔说:"来个起重机,把这根破木头运走吧。"一个小个子工人叔叔说:"不,把他留在草地旁边,修理修理可以当一把长椅子使。孩子们玩累了,

可以坐在上面休息休息。"大个子工人叔叔说:"这个主意好,真棒!"

"嘿哟嗬,嘿哟嗬!"工人们一起动手了。一会儿工夫,木头桩就躺在草地的边上了。工人们还把木头桩身上的泥土清理干净,修理了一阵,然后就走了。

儿童公园开放了。一大群孩子们来了,他们打秋千,滑滑梯,在沙坑里做坦克,做房子,坐火车,坐飞机,哎呀,游戏的花样真多,他们玩得真起劲!当然,这一切老木头桩都瞧见了,可就是没人来找他玩儿,他心里真难受。后来,几个小姑娘来了草地旁边,她们又想跳皮筋了。

一个小姑娘说:"得找个地方拴皮筋。"木头桩一听,高兴极了,就叫:"我,

我,我在这儿哪!"

不过他那唧唧唧唧的怪声音,小姑娘们谁也没有听见。后来,一个小姑娘偶然发现了那个老老实实躺着的木头桩。他那个"歪脑袋"正好翘着,他正在偷看她们。

那个小姑娘说:"瞧这儿,就拴在这个木头疙瘩上吧。"木头桩又高兴,又有点生气,说:"胡扯,我可不是木头疙瘩!嗯,不过,嗯,玩儿一次也可以。"因为,好久没人理他,

他实在太寂寞了。姑娘们把皮筋的一头拴在木头桩翘起的"歪脑袋"上,另一头拴在一根电线杆上。她们跳起皮筋来了,一边跳,一边唱:

小皮球,
香蕉梨,
马莲开花二十一。

小姑娘们真高兴,那些腿又飞又舞,把木头桩的心也震动了。你们相信吧?他还有一颗心咧。木头桩忽然想起了自己也做过小树,不过,那个时代过去得太久了,什么事想起来都是模模糊糊的。他只记得他脑袋上也长过一些嫩的树枝和绿的叶子,好像还开过花。不过,那是哪

"歪脑袋"木头桩

一年的事情呀?他忘记了他是"雕像",情不自禁地也唱起歌来了。他是学小姑娘们的歌,不过唱出来有点走了样。他唱:

大皮球,
西瓜皮,
石头开花九十一。一千一百一十一。一万一千一百一。摆架子,没出息;拴皮筋,了不起!唧唧唧,唧唧唧。

他唱的什么呀,全都跑调了。

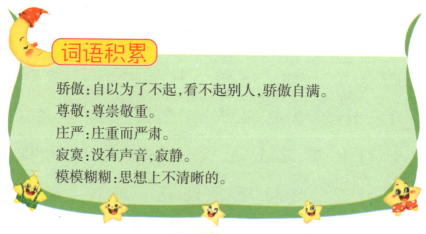

词语积累

骄傲:自以为了不起,看不起别人,骄傲自满。
尊敬:尊崇敬重。
庄严:庄重而严肃。
寂寞:没有声音,寂静。
模模糊糊:思想上不清晰的。

丁丁的一次奇怪旅行

我认识一个叫丁丁的小姑娘。她的脸很圆,她的眼睛很亮,她的心肠很好。她是二年级的学生,功课常常得满分。她什么都不错,可是就有一点,胆小;跟着就还有一点,好哭。比方说:天一黑,她一个人就不敢到院里去。老师说过没有鬼,她也知道院里不会有老虎和狼,可是说不上为什么,她就是害怕,不敢去。

有一次,学校里给同学们打防疫针,她老

"歪脑袋"木头桩

早就在心里对自己说：一定不害怕,一定不害怕。可是呀,当护士从煮着的针盒里取出一个长长的针头的时候,她就害怕起来了。她瞪着眼睛,看护士装好了注射液,接着就用沾了酒精的棉花在她胳膊上擦,接着那发亮的针尖就对准了她的胳膊。她突然"哎呀"了一声,就一个劲儿哭起来了。哭什么呢?她自己也不知道。

丁丁的一次奇怪旅行

丁丁很不愿意自己胆小,也怕别人笑她好哭,但是怎么办呢?谁来给她出点主意呢?她妈妈只说:"别哭,别哭!老哭,会把眼睛哭瞎的。"她的爸爸要不就是不作声,要不就是生气地说:"我就不喜欢胆小的孩子。"我呢,虽然是她的好朋友,很想帮助她,可也想不出办法来教她怎样变得胆大。后来呀,倒是丁丁自己改变了,这简直叫人不能相信。她说有一次她和一只蚂蚁一起出去旅行,看见了许多奇奇怪怪的事情,得到了好多好多朋友的帮助,后来她就变得不那么胆小了。那只蚂蚁的名字叫作红眉毛,待丁丁可好哩!我很喜欢那个故事,就问她:"是真的吗?"她很狡猾地看了我一

"歪脑袋"木头桩

眼,笑了笑说:"谁还骗你,当然是真的呀!"

现在,我们就来听丁丁讲她自己的这次奇怪旅行吧,事情是这样的。

有一天吃过晌午饭,丁丁去上学,在一条小胡同里遇见了一只狗。那是一只黑叭儿狗,坐在一户人家门口,斜着眼睛看她。她怕狗咬,就慢慢地贴着墙根儿走,想趁狗不注意就一下溜过去。可是,这只小黑狗很坏,他知道丁丁害怕,就汪汪汪地对着丁丁叫起来。丁丁吓得往回跑。狗更加得意,站起身来就追。这时候要不是有一个邮局的投递员骑着自行车冲过来,把狗赶回去了,说不定丁丁的脚后跟,真要被他咬上一口哩。丁丁再也不敢打这条胡同走了,只好回家。到

家,妈妈和爸爸都上班去了。她一个人待在院里,很难受。她想:为什么我老这么胆小呢?为什么呢?

她靠着一棵海棠坐了下来。太阳很温暖,蓝色的天空中浮着几片海潮一样的云,树枝轻轻地摇摆。院子里一点声音也没有,没有人回答丁丁的问题。

这时候,有一只蚂蚁沿着海棠树干,急急忙忙地往上爬,好像在找什么东西似的,爬几步就站住看看,看一会儿又往上爬。丁丁想:他要干什么呀?奇怪的事情就发生了。蚂蚁抬起脑袋来,对丁丁点了点头,而且对丁丁说话了,真像故事书里写的那样,不过声音很小。丁丁听了一会儿听不清楚,就大声对蚂蚁说:

"歪脑袋"木头桩

"喂！你说什么呀？你嗓门儿太小了，我听不清！"

"咳咳咳！"蚂蚁清了一下嗓子说，"对，最近，我嗓子是有点儿不太好。我叫红眉毛。我说呀，你在干什么？为什么不上学去？你爸爸、你妈妈知道了又该说你了。"

丁丁听了，有些不好意思，就说："我可不是逃学，那个黑狗他不让我过去，那我……"

蚂蚁说："你干吗要怕那黑狗呀！他根本是一个胆小鬼。你别听他汪汪汪地叫，他心里可害怕哩。你不理他，他就会夹起尾巴跑掉的。"

"是吗？我更害怕哩，我比他还要胆

小,我的胆大概只有鲤鱼胆那么大,你看见过鲤鱼胆吗?"

红眉毛搔搔脑袋说:"还没有。我想鲤鱼胆一定很好看。"

丁丁说:"蓝蓝的,可好看哩!下次我妈妈买了鲤鱼,我就请你来看。你说,怎么才能把胆子变大一些呢?"

红眉毛想了一会儿,说:"这个我可不知道,我没有那么大的学问,我连一年级都还没上过哩。咱们去问'什么都能知道'老师去,他什么都懂,他会告诉你的。"

"真的吗?他爱不爱发脾气?他要知道了我今天没上学,会不会说我?"

"你别害怕,他待小孩可好哩,他就喜欢和小孩一块儿玩。他本事大着哩,

会翻跟头,会在树上打秋千。还会讲故事。还……"

丁丁很高兴,拍起手来:"那我要去,我要去找他!要是我的胆子变大了,就什么也不怕了。"

红眉毛说,就是有一条,你要戴上一顶蚂蚁的帽子,才能跟他一起去。丁丁说:"当然可以呀。"红眉毛不知道从什么地方一下拿出来一顶很小很小的帽子,只有小米粒儿那么大。丁丁愣住了,说:"这么小,叫我怎么戴?"

"行,包你戴得下。"

果然,红眉毛没有骗人。丁丁把那顶很小很小的帽子接过来往头上一放,嘿,真有意思!马上她的个子就一点点缩

小起来;越缩越小,一直小到和一个蚂蚁一样大才不缩了。当然,这时候,红眉毛给她的帽子就能很合适地戴在她头上了。

现在,丁丁自己变小了,她看到的东西就好像都变大了。比方说,丁丁面前的那棵海棠,看起来就像炼钢厂的烟囱,她坐的那块石头就变成了一座小石山,小草就像一棵棵大树,沙粒就像一块块圆石头。丁丁真高兴。新鲜玩意儿多极了,可惜现在时间不够,不能让她慢慢地看了这个,又看那个,她就催红眉毛,马上带她找"什么都能知道"老师去。

他们正在往前走,红眉毛忽然想起了一件事,着急地叫了一声:"哎呀!忘记了,我还没有请假。"

丁丁记起了蚂蚁当中有蚁王，就问他："是不是向蚁王请假？"

红眉毛点头说："对！你记性真好，没有忘了咱们的蚁王，我就是向他请假，要不他就要说我了。"

丁丁就跟着红眉毛到了蚂蚁洞的洞口。这是一个圆圆的洞口，很干净，很整齐，有十几个大个子卫兵站在门口。他们看见了丁丁，大声问："干什么的？"

丁丁吓了一跳，正想回头跑，红眉毛连忙走上前，说："她是丁丁。她有一个蓝色的鲤鱼胆，好看极了！"

"真的吗？那么，她一定不会欺负小鸟、小鱼和蚂蚁的，让她进去。"卫兵们就闪开道，让他们进去了。

真是想不到,洞里非常亮,好像点着灯一样。他们走过了一条光光滑滑的大胡同,又走过了几条小胡同,胡同两旁都是一排排的房间。蚂蚁们都在忙着做工,有的背着粮食进来,有的拖着脏东西出去。有的在修胡同,有的在给小蚂蚁喂饭,有的在带小蚂蚁做游戏。

他们正在往里面走的时候,忽然听见一个很大的声音:"有一件临时工

"歪脑袋"木头桩

作！一件临时工作！"

原来他是蚂蚁队长，他拿着一个大喇叭，不断地叫喊。许多正在休息的蚂蚁连忙站了起来。丁丁同红眉毛也跑过去，跟大伙儿挤在一起。蚂蚁队长对大家说："'气象台'有报告，说天气不好，待会儿可能下雨。二百二十号胡同离地面太近了，下起雨来有危险。那里的粮食要赶快搬到三百零八号胡同去。现在要五十个工人去搬运，有谁报名？"很多蚂蚁都举起了手，喊："我报名！""我去！"

红眉毛和丁丁都忘了请假的事，两人往前面一挤，一齐举起手："我们也报名！"

队长看着丁丁点了点头，说："好吧！"于是，一、二、三、四、五、六……点

了五十名,丁丁同红眉毛都在里面,队长带着大伙往二百二十号胡同跑去。二百二十号胡同是一个粮食仓库,里面的柱子是火柴杆儿,地上堆满了草籽儿、干饭粒儿、小米粒儿、高粱粒儿,上面都用枯草叶做成的席子盖着。这每一粒粮食过去在丁丁眼里是算不了什么的,可是现在,自从丁丁戴上蚂蚁的帽子,变成和蚂蚁一般大小以后,就不同了。这些粮食每一粒就像一个大南瓜那样大,那样沉,可得费一番力气,才能拿动哩。

五十个工人排成一行,按照队长的指挥,一个跟一个去背粮食。丁丁跟在红眉毛后面,一步一步往前挪动。前面背上粮食的蚂蚁,又一个一个往前走。

"歪脑袋"木头桩

他们一面工作,一面唱歌。他们唱的是一个非常古怪但又非常好听的歌,他们的歌声把蚂蚁洞都震动了。丁丁忍不住也跟着他们一起唱起来:

搬了一个又一个,哎嗨哟!
你背我扛他来驮,哎嗨哟!
不怕困难胆儿就会大得多,哎嗨哟!

红眉毛轻轻拍了丁丁一下,叫她注意,现在轮到他们背了。红眉毛说:"丁丁,咱俩比赛,好不好?"

丁丁说:"好!"

红眉毛走上前,很快就背上了半瓣黄豆。丁丁打算背一粒高粱粒儿,但是她不会背,背了好几次,高粱粒儿都滚到

地上。红眉毛转回身来,把黄豆放下,帮丁丁把高粱粒儿背好,然后再背上黄豆。两人跟着前面的队伍往三百零八号胡同走去。丁丁跟着大伙一起往下唱:

会劳动才是好孩子,
哎嗨哟!
快快乐乐来干活,
哎嗨哟!

丁丁跟着大伙搬了一趟又一趟。后来,她累了,有些喘气。好多蚂蚁就过来劝她休息一会儿。有的还拉着她的手,说她一定是才生出来不几天的小蚂蚁,别一下干得太多,累坏了。丁丁有些不服气,连忙解释:"谁说的!我都快九岁了,我生下来都有好几百个几天了。你们学过乘法没有?九乘三百六十五是多少?我不是小蚂蚁。我不小,一点儿也不小!"

红眉毛说:"对的,丁丁行,一会儿她就不会喘气了。"

果然,丁丁慢慢就不喘气了,力气也变大了。她就一直跟大伙一起,唱啊,笑哇,搬得很起劲。

大伙在一起,搬得真快,没多大会儿工夫,二百二十号胡同的粮食统统搬到三百零八号胡同去了。后来,红眉毛就和丁丁去向蚁王请假。

蚁王听了他们的话,点点头说:"你们去找那个长着白眉毛、白胡子的小老

头儿吗?很好,很好!他真是一个聪明人,你们去吧。不过他有些淘气,他喜欢到处乱跑,有时候他坐在树顶上,有时候他睡在草叶上。"

丁丁说:"他这么淘气,怎样才能找到他呢?"

蚁王说:"别着急!听我说。刚才有侦察员告诉我,那个小老头在第九号洞门外面的一个蜗牛壳里睡觉,你们快去找,一定能找着!"

红眉毛说:"那地方我知道,我知道!丁丁,咱们快走吧。"

红眉毛拉着丁丁就跑。他们跑过了许多弯弯拐拐的胡同,最后到了一个四四方方的洞门口,这就是第九号洞门。从这里出去,他们就又回到了地面上。他们走了没有多久,就在一座长满青草的林子里,看到一个灰白色的巨大蜗牛壳。丁丁高兴极了,跑过去就对着蜗牛壳说:"请你快回答,快回答!'什么都能知道'老师,我们有一个问题……"

蜗牛壳里有一个低低的发沙的声音说道:"谁呀?谁在这里

乱喊乱叫,把我瞌睡都吵没了。"

丁丁有些不好意思了,就低声说:"老师,对不起!我们不知道你在睡觉。请你说,怎么才能够把我的胆子变得大一些?"

那个发沙的声音说:"把你的胆子变大一些吗?"接着他就哈哈大笑起来。这一下把丁丁弄得莫名其妙了,这是怎么回事呀?一会儿,一个蜗牛慢慢地把脑袋从壳子里伸出来,对丁丁做了一个鬼脸,摇摇脑袋说:"真有趣,真有趣!我还不知道怎样才能把我自己的胆子变大一些呢,你真能想,真会问!去吧,小傻瓜!"说着他又把脑袋缩到壳子里去了。原来这只是一个蜗牛,并不是"什么都能知道"老师。

丁丁几乎又要哭起来,红眉毛安慰她说:"不要理这个老糊涂虫。走吧,咱们再去找。咱们的侦察员看见了他,那就准能找着他。"

丁丁把眼泪忍住了,跟着红眉毛又往前面走。东一拐,西一拐,后来他们来到了一块青石头旁边。他们忽然听见一种奇怪的声音,在石头后面,"呼——呼——",像一种野兽在叫。丁丁的心直跳,但是她没有乱跑。红眉毛仔细听了一会儿,说:"不要紧,这是打鼾的声音,也许'什么都能知道'老师就在这里。"他们轻轻绕到青石头背后,一眼就看见了一个很大的黄色蜗牛壳。这一次,丁丁

就不忙着乱喊叫了。她轻轻走到蜗牛壳跟前，一看，鼾声正是从里面发出来的。里面躺着一个小老人儿，胡子是白的，眉毛也是白的，闭着眼睛，睡得好舒服。这不正是那个"什么都能知道"老师吗？丁丁高兴地喊："老师，老师！对不起，请你醒一醒！"

小老人翻了一个身就坐起来了，一边打哈欠一边问："哎呀，哎呀！小姑娘，小朋友，小同学，你叫喊什么？为什么你不在自己家里待着，要跑到外面来胡闹？"

丁丁对他行了一个礼，说："我不是胡闹。我有一个问题要问你，你说，我的胆子怎样才会变大一些？我的胆子太小了。"

红眉毛说："最好你能给她换一个大

一些的。"

小老人儿搓搓手,仔细看看丁丁说:"呀哈!真的吗?让我来!让我来!我可以好好研究研究。"

小老人儿慢吞吞地从蜗牛壳里拿出了一个长长的听筒,按在丁丁胸前听了又听。一会儿,他又拿出一个黑色的铁管子,对着丁丁的胸口,看了又看,然后摸摸胡子说:"哦!明白了,明白了!你的胆儿的确是小,真正是小。你的胆儿比老虎、狮子的都要小。不过,比起耗子,比起青蛙,比起鲤鱼来,就还不能算小。而且,简直还应该说,要大得多。那么就应该这么说,完完全全和别的男孩子、女孩子的胆儿一样大,不比他们的大,也不

"歪脑袋"木头桩

比他们的小。就是这么一回事。"

丁丁听了,觉得很失望:"我的胆子不算小吗?"

小老人儿拿出手绢来擦了一阵汗,说:"可不!和我小时候比,你的胆子一点儿也不算小。"

"那么,为什么我老是害怕呢?我爸爸老说我胆小,那是为什么呢?"

小老人想了一想,说:"哎呀,哎呀!这个我不知道,不,我不回答。不许再问了!"

红眉毛喊叫起来:"你不是什么都能知道的吗?为什么回答不出来呢?"

小老人叹了一口气,说:"你看你这个小朋友多麻烦!如果我什么都能够知

道,哎呀,那才叫好哩。可是,你们弄错了,完完全全误会了。'什么都能知道',他是我的弟弟,我是他的大哥。我叫作'知道得很少'。我们弟兄们的模样长得差不多。"

丁丁也叹了一口气:"你不是'什么都能知道'吗?我们弄错了。对不起!'知道得很少'老师,请你告诉我们,你的弟弟在什么地方,我们要去找他。"

"我弟弟在哪里,这一点我也和你们一样,不知道。你们只有去问北方的老杨树,他的办法多。因为他有很长的根,伸到了很远的地方,能听到很多很多的消息。"

丁丁向小老人"知道得很少"说了声

"歪脑袋"木头桩

谢谢,就和红眉毛动身往北方去。紧走慢走,走了也不知道有多远,后来,他们在大旷野里看见了一棵粗粗的老杨树。丁丁想对老杨树说话,但是老杨树的耳朵不太好,她的声音太小,又站得太低,老杨树听不见。红眉毛就爬到老杨树树枝上,凑着他的耳朵,问他"什么都能知道"老师到底在什么地方。

老杨树说:"好吧,我给你们打听打听。我耳朵不行了,可是我的根却可以听得很远。"

老杨树闭着眼睛听了一会儿,然后告诉他们:"对了,对了!我的根听见地下的流水说,'什么都能知道'老师到了北方,到了一条叫'宽宽的河'的河边,他过河去了。"

丁丁和红眉毛说了声谢谢,就继续往北走。走呀走,又不知道走了多少时候,后来他们就到了一条"宽宽的河"的旁边。但是他们怎样才能过河去呢?河边没有桥,又没有船,河水又深得看不见底。

丁丁很发愁:"怎么办呢?怎么办呢?没有桥,又没有船,咱们怎样过河

"歪脑袋"木头桩

去呢?"

红眉毛说:"不要紧,总会有办法的。咱们先歇一会儿,慢慢来想办法。"他们就坐在河边一根枯树枝上,低下头来想办法。想什么呢?这时候他们脑袋里是空空的,一点儿办法也没有。他们坐着,听着河水流动的响声。忽然,河水轻轻地唱起歌来,那是一首很好听的歌:

我的脾气很坏又很老实,
我不喜欢坏蛋,我讨厌皇帝,
他们来求我,我一概都不理,
不论他们有多大本领同势力,
我一定要把他们一个个沉到水底。
只有勤劳的人们懂得我的性子,

他们为我用了一番力气,
我就服服帖帖替他们做事,
给他们推磨,发电,
还运走他们的船只。
我从天上来,
天上掉下了无数雨滴。
我是山中的小溪流,
花上的露珠,
也是孩子们的眼泪。
我知道很多稀奇古怪的故事,
也懂得孩子们耍的鬼把戏。
如果有哪个小孩过不了河,
在河边只是叹气,
我可怜这些小东西,
就要用一片树叶,

"歪脑袋"木头桩

把他们送过河去,送过河去。

丁丁小声对红眉毛说:"听见了没有?河水的心肠可好咧,他说如果有小孩过不了河,他就要用树叶把他们运过去。"

红眉毛说:"用树叶来做船,对,好办法!咱们马上动手吧。"

于是,他们在河边找到两片树叶,一片做船身,一片做船帆,另外还找到一根小树枝做舵,一会儿工夫一只小船就做成功了。他们把小船推到河里,然后坐上去,支起了帆,船就很顺利地开动起来。他们两个就好像两个熟练的水手,把着树叶做的帆,利用风的力量,把船开得很快。一条狗鱼在离树叶不远的地方

游,看起来就像一条大鲸一样,狗鱼好奇地跟着他们,观察他们,树叶被狗鱼的浪弄得摇动起来。丁丁怕被狗鱼咬,往旁边躲,船一偏,红眉毛掉到水里去了。

丁丁想:这可糟了!说什么也不能让这个好朋友淹死!她也不管自己会不会游水,扑通一下就跳下水去了。到了水里,虽然她拼命地游泳,可是一点儿用也没有,她老是往下沉。

红眉毛一边游,一边对丁丁喊:"快抓住树叶边,快!"

这时候,一只蜻蜓好像一架直升机一样,突然由天上冲下来。丁丁连忙喊:"快快快,别让红眉毛淹死了!"

蜻蜓很沉着地飞过去,说:"别怕,

"歪脑袋"木头桩

勇敢一点儿,沉不了的,来,抓住我的腿!"蜻蜓先让丁丁抓住他的腿,接着又飞到红眉毛身边,让红眉毛也抓住他的腿,很快就把他们送到了树叶上。一直等到丁丁和红眉毛重新支好帆前进,蜻蜓还围绕他们飞了一圈才离开。当丁丁和红眉毛把船安稳地开到对岸的时候,突然不知道什么地方有一个声音喊:"你们是谁,干什么的?"

丁丁看了看,没看见一个人影儿,只好回答:"我是丁丁,他是红眉毛。"

红眉毛补充一句:"有一个'知道得很少'老师告诉我们,叫我们来的。"

"哦哦!是我哥哥要你们来的,很好,很好!"

突然从一棵树上跳下来一个小老人儿,他脸上也有着一对白眉毛,一嘴白胡子,和"知道得很少"几乎长得一模一样。

丁丁很高兴,想:这一下可找到了"什么都能知道"老师了。她马上问:"老师,请你告诉我,既然我的胆子和别的小孩一样大,而且比耗子、青蛙、鲤鱼的胆子还要大一些,那么,为什么我还老是害怕?"

小老人儿看了看她,说:"我知道,我知道,那是因为你胆子里装的'勇气'还不够多的缘故。"

丁丁听不懂,就问:"'勇气'?那是一种什么东西?我还没有看见过'勇气'哩。"

小老人皱着眉头说:"一种什么东西?那可复杂呢。你是小孩儿,对你说也说不清楚。'勇气'大概是一种气体吧。"

丁丁好像听懂了，问："是不是像我爸爸抽烟的时候，鼻孔里出来的那股烟子？"

"不是，不是！"

"是不是像锅里的汽，开水壶里的汽？"

"胡说，不是！勇气是看不见的。"

红眉毛抢着说："对啦！

我知道,勇气像空气。"

小老人儿生气了:"也不是,也不是!你们小孩就喜欢乱发问。是这么回事儿,'勇气'有点儿像'发脾气'的'气',也有点儿像'生气'的'气',明白了吧?"

丁丁说:"这种气我可没有看见过。"

小老人儿更加生气了:"跟你们这些小东西就是说不清楚,'勇气'是一种很了不起的东西,要我说出来可得费把劲儿。至于怎样才能得到它,那就更得费把劲儿。我不说了,我不说了!那个、那个……最好你们还是问我弟弟去吧。"

红眉毛说:"那么,你又不是那个'什么都能知道'?"

小老人儿笑了:"你们弄错了,我是

"歪脑袋"木头桩

'知道得很少'的弟弟,是'什么都能知道'的哥哥。咱们弟兄三个长得差不多,不认识咱们的人第一次总会弄错的。我叫作'什么都知道一点儿却不算多'。"

红眉毛和丁丁一起叹了口气。丁丁说:"你的名字太长了,简直比你的胡子还长,要我用三天工夫来记也记不住。还是请你快一些告诉我,你的弟弟在什么地方,怎样去找他吧!"

小老人摇摇头,吐吐舌头:"这一点我也跟你们一样。也许你们去问一只老山羊,他还可能告诉你们一些办法的。"

丁丁和红眉毛只有再往前面走。走哇,走哇,后来他们真的遇见了一只老山羊。他的个子真大,一个人在那里不声

不响地吃草。丁丁很有礼貌地向他请教，打听"什么都能知道"老师在哪儿。老山羊用怀疑的眼光看看她，嘴里还在慢慢地嚼草。丁丁一连问了他几遍，他都不作声。红眉毛发火了，对老山羊说："你这个老糊涂虫，为什么不理人？再这样对待我们，我就要不客气了！"

老山羊斜着眼睛看了红眉毛一眼："呀哈，你这个小糊涂虫！要打架吗？有本领你就来试试看。我偏不告诉你，就是不告诉你！我只告诉那个小姑娘。"他走到丁丁面前，对丁丁说："小姑娘，你还虚心，我愿意告诉你。你到前面'高高的山'上去打听，就可以打听到他的消息了。"

于是，丁丁和红眉毛又继续往前走。

"歪脑袋"木头桩

走哇，走哇，后来他们走到了一座叫"高高的山"的山脚下。他们一看，这座山实在是太高了，要是只用两条腿，谁也别想爬上去的。这非得想一个很好的办法不可。有什么办法呢？办法就在这里。他们看见了一只马蜂。这个马蜂在一堆落叶上懒洋洋地打瞌睡，有时他偶然还嗡嗡地拍一阵翅膀，好像这样做可以提提精神似的。

红眉毛小声在丁丁耳朵边讲了几句话，他们两个就分开来，一边一个，从树叶底下爬过去。慢慢地，慢慢地，他们就爬到了马蜂旁边，但是马蜂还在发呆，没有注意到他们。红眉毛叫了一声，就和丁丁突然跳起来。丁丁抓住了马蜂的一

只翅膀,红眉毛抓住了马蜂的一条后腿。马蜂吓了一跳,正准备飞起来的时候,丁丁和红眉毛已经爬到他背上了。马蜂不知道发生了什么事,拼命地往上乱飞。红眉毛就抓着他脑袋,指挥他朝着山顶飞。丁丁用力抓住了马蜂背上的茸毛,才没有掉下去。飞呀飞,也不知道飞了多少时间,后来马蜂飞不动了,就找一个地方落下来。丁丁一看,正好是在山顶上,她就和红眉毛从马蜂背上跳下来。马蜂还没闹明白是怎么回事,也不敢再休息,就**慌慌张张**地飞走了。可山顶上什么也没有看见,丁丁和红眉毛就一起大声喊叫起来:"喂!'什么都能知道'老师在哪里?"

山对面有一个声音回答他们:"在哪里?"

他们又喊:"'什么都能知道'老师在什么地方?"

山对面的那个声音也跟着他们喊:"……在什么地方?"

原来那是回声,除了回声以外,就没有人回答他们了。他们背后有一棵蒲公英,蒲公英看他们叫喊得很可怜,就对他们说:"我知道他在什么地方,他在山谷对面。我的儿子们可以帮助你们过到那边去。不过有一点,就是我的儿子们要确切知道了风是往那边去,他们才能带你们走。"

丁丁说:"谢谢你,只要我们能找到

"歪脑袋"木头桩
WAI NAO DAI MU TOU ZHUANG

他,我们可以等,一直等到风愿意往那边去的时候再走。"夜晚来了,丁丁和红眉毛躲在松树下的一个小土洞里面。他们想偷偷听风怎么说。夜深的时候,松树顶上突然发出了响声,风来了。丁丁从土洞里把脑袋伸出去,看见松树顶上有三个穿着乳白色大袍的巨人在跳舞,他们同时还低声歌唱:

到北方去,到北方去!
吹着喇叭去,吹着笛子去!
带着云彩去,带着雨水去!
带着麦子,带着红花绿叶去!
带着温暖,带着歌声去!
带着快乐,带着勇气去!
快去,快去,快去,快去!

红眉毛悄悄推了丁丁一下,说:"听见没有?风准备到北方去,明天蒲公英就可以走了。"

到了第二天早上,几十个蒲公英就离开了他们的母亲,一个个都张开了毛做的小伞,手拉手做成一个圆圈,把丁丁和红眉毛带着,借着风的力量,一下子飞上了天空。

蒲公英高高兴兴地唱起来:

我们生来就不怕风暴,

风越是发狂,我们飞得越高。

我们要走得远远的,

到处开遍金黄的花朵,

让那些工作累了的人们,

"歪脑袋"木头桩

看见了就忘掉疲劳。

风啊,吹呀!

你使劲喊哪,大声叫。

我们生来就喜爱风暴,

你越是唱得响亮,我们飞得越高!

丁丁觉得很快乐,忍不住高声笑起来。她也想唱,可是不知道唱一个什么歌好。就这样飞呀飞,也不知飞了多少时间,后来他们就降落下来了。

原来很多人都已经来了。不知道为什么,老山羊、蚂蚁王、蚂蚁队长、蜗牛、老杨树、蜻蜓、马蜂、蒲公英都来到了这儿。丁丁想:这是干什么呀?好像在过节,又好像在开什么庆祝大会。大家就

是跳哇，唱啊，扭秧歌舞哇，拼命地闹。丁丁从人们当中看见了一个非常快活的小老人儿，他脸上长着一对白眉毛，一嘴白胡子，老爱朝着丁丁笑。丁丁正在心里想这个小老人儿是不是"什么都能知道"老师的时候，这个小老人儿拍拍手，对大家说："我来介绍我自己，我就是那个'什么都能知道'老师。现在我要欢迎一个勇敢的女孩子，她的名字叫作丁丁。"

丁丁连忙说："不对，不对！一个勇敢的女孩子，那可不是我，我还没有'勇气'哩！"

大家叫："就是你！"

红眉毛说："我认得她，她叫丁丁。"

小老人儿笑着唱：

"歪脑袋"木头桩
WAI NAO DAI MU TOU ZHUANG

就是你，就是你！
你已经改变，
你和大伙儿在一起，
就有了勇气。

丁丁说："我不相信，'勇气'是什么样子呢？怎么有了'勇气'我自己还不知道呢？"

小老人儿唱：

勇气是一种看不见的东西。

红眉毛马上插嘴：

我可知道，
它不像锅盖上的水汽，

也不像烟囱里的烟子。

小老人儿点点头：

它也不像空气。
每个人都能够有，
红眉毛分了一点儿给你，
蜻蜓分了一点儿给你，
另外还有……

丁丁接着就说："哦，我明白了！另外还有老杨树、老山羊，还有河水和风，还有你的两个哥哥，他们的名字和你的名字一样古怪，另外还有蒲公英和她的儿子，他们都帮助过我。"

小老人儿唱：

对，这就是他们最宝贵的赠礼。

红眉毛、老杨树、老山羊、蒲公英，大伙儿都不同意"什么都能知道"老师的话："你的话可不好懂，咱们自己都不知道谁给丁丁送了一点儿'勇气'，哪有这么一回事！"

小老人儿说："因为那是一件看不见的东西。"

丁丁想了一想，说："虽然看不见，可是我觉得真有那么一回事，和大伙儿在一块儿，我就不害怕，一定有道理。"

小老人儿点点头，接着又唱：

得来的勇气像一粒种子，
要保护它，培养它……

丁丁对红眉毛说:"我以后一定不怕黑狗,一定不好哭了。"

红眉毛说:"当然,你一定会变得更加勇敢的。"

小老人儿接着唱下去:

让勇气越长越大,
将来好再分给人家。

大家都叫:"对,对,对呀!"

讲到这里,丁丁就不往下讲了,她也不说讲完了没有。我问她:"后来呢?"她笑着说:"后来我就不那么怕狗了。遇见狗我也不乱跑,因为我一想到红眉毛他们,一想到和他们在一起的时候,我就

觉得我应该做一个勇敢的孩子,你说对不对?"我说:"对!我同意红眉毛的意见,你一定会变得更加勇敢的。

我想,应该把丁丁这次奇怪的旅行讲给旁边的孩子们听听,我就照她讲的写了这么一个故事。

词语积累

狡猾:诡诈不可信,狡诈刁钻。
慌慌张张:形容举止慌张,不稳重。
稀奇古怪:指很少见,很奇异,不同一般。
莫名其妙:没有人能说明它的奥妙,表示事情很奇怪,使人不明白。

气球、瓷瓶和手绢

元旦那天,丽丽得到了三件新年礼物:一个椭圆形的充满了氢气的彩色气球,一个精致的小瓷花瓶,一条又柔软又结实的红手绢。丽丽很喜爱这些礼物,把他们当作自己的好朋友,一会儿也舍不得离开他们。晚上丽丽睡觉的时候,把气球拴在床头的栏杆上,把瓷瓶和手绢放在床旁边的小衣柜上。丽丽睡着了,她的这三个新朋友就悄悄活动起来了。他们

互相交谈，并且互相认识了。后来，不知道怎么一来，气球和瓷瓶两个就争吵起来了。手绢比较安静，不怎么参加这场争吵。

气球跟瓷瓶争论的题目：丽丽最喜欢他们三个当中的哪一个，谁最漂亮，谁最有能耐。

每次都是那个鼓着肚皮

的气球第一个抢先发言,因为他是一个性格浮躁、自以为了不起的家伙。他说话的时候,总是伸长了脖子昂着脑袋。要是谁的话有点儿不对他的劲儿,他常常先是摇几下头,然后就把脑袋扭过去,干脆不搭理别人。现在,他神气十足地对瓷瓶说:"你别唠唠叨叨了!当然啦,丽丽喜欢的就是我。你算不了老几,手绢更不成。因为我长得又胖又漂亮,你们没有看见我这一身彩色吗,这是谁也不会有的彩色。还有,我会飞,要飞多高就飞多高,要飞到哪儿就飞到哪儿。还有,还有,就是我还会唱歌……"

说气球会飞动,倒是真的。至于唱歌呢,那就不敢领教了,他只会发出"嘶

"歪脑袋"木头桩

嘶嘶嘶"这样一种声音。不过,关于这一点我们大家都明白,就是说,当他发出这样的声音的时候,他准是得病了,真想不到他还把自己这种节奏单调的"哼哼"声也当成一种歌声。

气球越吹越来劲儿,后来,谁也没有邀请他,他晃晃脑袋就自动唱起来了。歌词是这样的:

我最美丽,
最了不起!
嘶嘶嘶嘶,嘶嘶嘶!

手绢不赞成气球那种洋洋自得的乱叫,可是她心肠很好,就劝气球说:"快别这样喊叫了。你要是再这样嚷下去,不

气球、瓷瓶和手绢

一会儿别人就得给你充氢气。不然你就会瘪了下去，那多么不好哇！"

这时候，一直唧唧喳喳的小瓷花瓶冷冷地说："哼！别理他！他根本就不会唱歌，丽丽就不听他唱。"气球一听非常生气，肚子鼓得更大了，大声嚷嚷起来："嘶！谁说我不会唱歌，我的嗓子最棒……"

自以为什么都行的瓷瓶也是从来不让人的。她认为她自己的嗓子是全世界最清亮，最好听的，谁也不能跟她比，就打断气球的话说："你别吹！你知道什么叫作歌，什么叫作歌唱吗？大家还是听我唱吧，我的嗓音最清脆，我的唱法最抒情。我最聪明，最有学问，我唱的都是最美丽的诗歌。"

同样也是没有得到谁的邀请,瓷瓶把身子一摇动,就自动唱起来了。那歌声倒真的是很清脆,歌词是这样的:

妈妈最爱听我唱,

叮当,叮当,叮叮叮叮当!

这是一首诗,是气球唱不出来的一首非常深奥的诗,普通人是不容易一下就听懂的。瓷瓶一连重复唱了好几遍,接着很得意地说:"我是丽丽喜欢的小女儿,丽丽是我的妈妈,我一个人的亲爱的妈妈。她最怕我哭,最喜欢听我唱,她只喜欢听我一个人的歌唱。"

气球听了,简直把肚皮都要气炸了,大声反驳:"嘶!没羞没羞!你除了一个娇气,什么也不会!你不会跳,也不会飞。"

"你胡说!"瓷瓶就伤心地哭起来了,"你敢说我,你敢说我!连妈妈都不敢说我……"

瓷瓶的性格就有这么个特点,碰不得。

这回,手绢就又为瓷瓶发愁了,虽然她也不赞成瓷瓶的态度,还是细声劝瓷瓶说:"快别哭了,哭多了对身体不好。"

这样一来,瓷瓶反而更加来劲儿了:"欺负人,臭气球,欺负人!当叮当叮,当当当当叮!"

这也是一首诗,一首悲哀的抒情诗。

手绢连忙安慰瓷瓶说:"你不要激动,不要激动。因为如果像你这样激动,那就可能……就突然一下摔碎的。"

气球听到"可能……摔碎"这样的字

眼就高兴起来,笑着对瓷瓶叫:"没用没用,你一摔就碎。"

瓷瓶马上就把气球顶回去:"你才真没用,一捏就破。"

气球和瓷瓶两个谁也不服谁,最后他们就都逼着手绢来当裁判,要她来说丽丽到底最喜欢他们两个当中的谁。手绢很老实,真不知道该怎样说才好,就回答说:"我不知道丽丽最喜欢谁,因为她是大家的妈妈。你们各有各的特点,但是都有些自以为是……"

"嘶——!"这是气球生气的表示。

"当当当!"这是瓷瓶生气的表示。

手绢看他们两个都生气了,就不好往下说了。剩下气球和瓷瓶两个就越争吵越激烈。他们两个谁也不承认自己自以为是，谁也不让谁。瓷瓶说气球不会唱，气球就说瓷瓶不会飞。于是，气球就提出要和瓷瓶比唱，瓷瓶也答应和气球比飞。

气球说："我马上就唱一个最好听的歌给你听。"

瓷瓶说："要唱一个大嗓门的歌才算，那样嘶嘶嘶地哼不算。"

气球骄傲地点了一下头："成！"

于是他使劲挣脱了拴住他的绳子，猛然朝着楼板飞去。他把脑袋一扭，又使劲喊了一声："嘶——啪！"

这一声的确不小，不过气球从此就炸成了两瓣，掉到地上，再也不吭气了。

瓷瓶就大声笑起来，高兴地喊叫：

"活该,活该!"

接着她又跳起舞来,一边还唱着:"叮叮当,叮叮叮叮当!"

她越跳越高兴,最后她拼命往上一跳,准备飞。

"叮当,啪!"瓷瓶一下就从小衣柜上滚到了地板上。这个娇气的小家伙马上就碎成了十几片,也一声不吭了。新年过

"歪脑袋"木头桩

去了,丽丽的三件新年礼物就只剩下了一条红手绢。这个没有自吹自擂的手绢成了丽丽真正的朋友,长期跟着丽丽。

红手绢跟那两个华而不实的伙伴正相反,她不喜欢唧唧喳喳,更不喜欢自夸。她从来不提自己的鲜艳颜色,可是她在心里却深深埋藏着一个红色的理想。她很扎实,又很有耐性。她最喜欢干净,可是从来干的是脏活儿。当她脏了的时候,她就被洗一次,又变得干净如新。当她被洗涤的时候,她从不喊叫肥皂水的刺激。当她被拧干的时候,她从不喊叫疼痛。当她被晒干的时候,她从不**抱怨**太阳的灼热。当她被折叠的时候,她从不诉说委屈。她踏踏实实地一次又一次帮助别人干活儿,从不感到厌烦。当然,她从不哭泣,更不用哭泣来恐吓和**要挟**自己的妈妈。我相信,我们大家最后都会跟丽丽一样,真正喜欢的是这样一个朋友。

词语积累

浮躁:心思浮动,不得安心。
抱怨:埋怨;心中不满。
要挟:利用对方的弱点,仗恃自己的势力,强迫对方答
　　　应自己的要求。
唧唧喳喳:形容细碎嘈杂的声音。

皇帝说的话

有一天早晨,皇帝的厨房里关着一只白公鸡,一只安哥拉兔和一头小牛。待一会儿,他们三个就要被厨子杀死,烧成三个很好吃的菜给皇帝去吃。他们三个心里都很难受,只是谁也没有告诉谁,彼此不知道罢了。

后来,白公鸡忽然打了一个喷嚏,"阿——嚏哟!"声音很响。

小牛就问:"白公鸡,你干吗呀?"

皇帝说的话

白公鸡伸伸颈子,回答说:"没有什么,我鼻孔痒。"

安哥拉兔说:"我鼻孔倒不痒,只是头有点儿痛。"

于是他们三个就低声谈起话来了。那时候厨子外出挑水去了,不然,他们就不敢这样大胆。因为皇帝有个命令,不许动物们随便谈话,特别是不许那些准备拿去做大菜吃的动物们在他厨房里谈话。他们这样大胆是没有人想到的,要怪只能怪白公鸡,他不应该随便打一个喷嚏,引起大家开口。大家一谈,不知不觉就忘掉了皇帝的命令。小牛又问白公鸡:"你心里很高兴吗?"

白公鸡不敢老老实实地说出自己的

皇帝说的话

心事来,想了一会儿就回答说:"我不觉得有什么不高兴。我的肉很好吃,等一会儿皇帝吃到我的肉一定会很称赞我的。"

安哥拉兔无精打采地说:"我的肉也很鲜,皇帝也会喜欢的。"

小牛叹口气说:"我的肉也不错哇,做汤最好吃。"

大家以为这样说说可以安慰自己一下,可是很奇怪,说完了之后大家还是觉得心里很难受。白公鸡拍拍翅膀,反问安哥拉兔说:"你不高兴吗?"

"没有什么,"安哥拉兔说,"我稍微有一点点不高兴。不过我一想到我的未婚妻,我就可以变得高兴起来。我的未婚妻真美丽,她的眼睛红得就像熟番茄,圆得就像樱桃。你们看见过她没有?我一想到她,我就要哭了。她真好看,真好看。

白公鸡很骄傲地说:"我不羡慕你的未婚妻,我会唱很好听的歌。我一唱歌,所有的小母鸡都会来找我玩儿的,任何小母鸡都比安哥拉兔好看。真的,我会唱好听的歌。"

皇帝说的话

小牛说:"我没有听见你唱过。"

白公鸡说:"你不要忙,明天天快亮的时候你留心听着好了。"

安哥拉兔说:"明天,明天我们在什么地方呢?等一会儿,我们就要变成一盘盘大菜了。"

白公鸡同小牛一齐叹气说:"那真倒霉!"

安哥拉兔向白公鸡说:"你现在就唱唱,怎样?"

白公鸡摇摇头说:"不,我最高兴在天明的时候唱歌,现在唱就没有味道了。"

小牛说:"可惜就是大家都不能等到明天的天明啊!"

这样一说,他们心里更难受起来。安哥拉兔流下了一滴眼泪,说:"我忘了!

"歪脑袋"木头桩

我未婚妻不知道我到这里来了,她原来约了我明天一早到甜莓子坡去赛跑,去找莓子吃。唉,唉!我今天不想死。"

小牛说:"我今天也不想死。我肚子饿,我还要出去找点青草吃吃。"

安哥拉兔说:"明天我也不想死,今天我只有两个月零二十天的年纪呢。"

小牛说:"明天我也不想死,到明天我只不过六个月大,我还想活好几个六个月呢。"

白公鸡偏着头对小牛说:"我比你还小两个月,今天我才只有四个月。还要过两个月,我的嗓子才能真正变好,那时候唱歌才真正好听。要是现在我就死了,那该多可惜呀!"

说着,他们都哭起来了。

后来,白公鸡想到了一个办法,说:"我们逃走吧,那里是后门,从后门出去就是大路,到了大路上我们就可以走到别的地方去了。"

小牛说:"我们逃走了,皇帝肚子饿了怎么办?"

安哥拉兔说:"不要紧,他肚子饿了也可以和我们一样吃青草的,青草不是很好吃的吗?"

小牛高兴地叫:"对,对!"

于是他们三个就一个跟一个,大摇大摆地走出了厨房。在那天以前,还没有动物从皇帝的厨房里逃走过,所以他们一直走到后门口,皇帝的卫兵都不管

"歪脑袋"木头桩

他们,就让他们大摇大摆地走出去了。他们只是不敢作声。假若他们作声,卫兵就会抓住他们。因为那时候皇帝有命令禁止动物们随便谈话,这命令卫兵是记得很清楚的。他们一直逃出了皇帝可以管到的地方,到另外一个地方去了。那另外一个地方是怎样的,这里不谈。

皇帝的厨子挑水回来,一下看见三个准备用来做大菜的动物不见了,心里很慌,就跑到后门口去问卫兵,卫兵说他们大摇大摆地走出去了。厨子很害怕,就去把这事报告给大臣,大臣听见了也很害怕,马上就去把这事情报告给皇帝。

皇帝听了,大大地生气,叫:"什么!他们居然敢大摇大摆地打大路上走?那

皇帝说的话

还了得!他们都不管我肚子饿不饿。来!这里有个命令,赶快替我传下去。以后我禁止任何人,或者任何动物,大摇大摆地在大路上走。"

大臣想了一想,说:"不过,他们走小路怎么办呢?我看现在的一些动物们变得很狡猾了。"

皇帝哼了一声:"什么!"

皇帝鼻子下留了一撮八字胡子,看起来很威严。这一"哼",大臣们就不敢作声了。

过一会儿,皇帝问:"动物们在厨房里谈话了没有?"

"听卫兵说,他们没有谈话。"

"他们居然敢逃走?"

"歪脑袋"木头桩

"是的,而且是大摇大摆的。"

皇帝抹抹胡子,叫:"赶快替我把命令传下去。说,以后未得我允许,谁都不许随便走路。"

大臣想了想,小声说:"求您改改这命令吧,要是这样搞下去,以后该会怎样的不方便哪!"

皇帝又生气了,叫:"下去!皇帝说的话是不能修改的!不然,我就要不客气了。"

皇帝真的是很有尊严的,从来就没有人劝过他修改他的话。大臣看皇帝脸上这神气,又听他说要"不客气"("不客气"就是要割下一个人的脑袋的意思,皇帝说话就是这样),于是大臣就退下去了。

皇帝说的话

大臣站在宫门口,用一个传声筒,大声把皇帝的话传出去。他喊:"一切会走路的人们和动物们听着!皇帝说,以后凡是没得到他的允许,谁都不许随便走路。不然,他就要不客气了。"

这话一说完,大臣就不敢动了。因为皇帝的命令马上发生了效力,皇帝现在既然没有允许他走动,他就不能走动。他只有呆呆地站在宫门口等皇帝来允许他走动。不然,皇帝一不客气,他的脑袋就要被割下了。

大街上的人们和动物们听了大臣的传达,马上都站住了,因为他们都没有得到皇帝的允许,他们都怕皇帝一不客气,把他们的脑袋割下。

"歪脑袋"木头桩

大街上的警察站得笔直地把皇帝的命令传达出去。不一会儿,全国的人和动物都知道了这命令,都站住不动了,他们都怕皇帝一不客气就把他们的脑袋割下。

后来,皇帝知道了这件事情的结果,果然不是很方便。因为他穿衣、吃饭,事事都要人服侍,现在却没有一个人敢走动,当然没有一个人走过来服侍他。但是他又不愿意收回他的话,因为他说的话是有威严的,不能修改的。他很发愁,只在自己的宫内一人走来走去。

于是全国的人和动物,除了皇帝,从皇后起一直到一个小蚂蚁为止,都呆呆地站在他们听见命令时所站的那个位置上,一动也不敢动。

皇帝一直不收回他所说的话。后来他就饿死了,因为没有人送饭给他吃。那些站着的人和动物站得实在太久了,有些不耐烦,觉得那样留着一

"歪脑袋"木头桩

颗脑袋也没有什么意思,后来他们也不管自己脑袋会不会被割掉,就冒险走掉了。只有几个胆子太小的家伙,同傻瓜一样还不敢走动,战战兢兢地站在那里等皇帝的允许。好多年过去了,他们就渐渐地变成了石头。个子大的变成了大石头,个子小的变成了小石头,蚂蚁变成了沙粒。世界上有些石头同沙粒就是由这些人和动物变的。

词语积累

称赞:指人们对某件事的赞扬。
倒霉:不良状况,尤指关于健康、命运或前途的坏状况。
可惜:值得惋惜。
大摇大摆:走路时身子摇摇摆摆。
战战兢兢:非常害怕而微微发抖,小心谨慎。